AF331237

ÉTAT DES LIVRES

Du Fonds de Librairie de ***, *provenant de celui de C. A. J.; dont la Vente se fera en la Chambre Royale & Syndicale de la Librairie & Imprimerie de Paris.*

On enverra un Avis qui indiquera le jour de la Vente.

Nombre.		Propriété

ARCHITECTURE.

112 ARCHITECTURE FRANÇOISE, par Blondel, papier *nom-de-Jésus*, 4 vol. in-fol. avec 600 planches. . . . . *deux tiers.*

56 *Idem*, papier grand raisin . . . . *deux tiers.*

12 Tom. III. & IV. *N. B. Ces 600 Planches se vendent en détail par suites de Palais, Eglises, Hôtels, &c. Il y en a un Catalogue particulier. Et les deux tiers dans environ 700 Planches pour la continuation, qui se vendent séparément.*

4 Les Délices de Paris & de ses environs, *in-fol.* gr. papier, contenant 210 pl. de vues perspectiv. de Paris, &c. avec les Exemplaires de la feuille du titre, avertissement, &c. *deux tiers.*

2 Les Délices de Versailles & des Maisons Royales, *in-folio*, grand papier, contenant 13 feuilles d'impression, avec 220 planches de vues perspectives des Jardins & Bosquets de Versailles, Marly, Saint-Cloud, Sceaux, &c. *deux tiers.*
    Nota. *Il y a 12 planches d'égarées & perdues.*

285 Exemplaires des 13 feuilles de Discours, sans figures.

266 Deux Discours sur l'Architecture, par Blondel, brochure. . . . *deux tiers.*

75 Discours sur l'Architecture, par Viallet, brochure, *in-octavo.* . . . *deux tiers.*

194 Architecture moderne, par Jombert, en 2 vol. *in-quarto*, gr. p. avec 150 pl. *deux tiers.*

31 De la Décoration des Edifices, par Blondel, en 2 vol, *in-quarto*, gr. papier, avec 150 planches. . . . . , . *deux tiers.*
    N. B. *Il manque 40 planches perdues.*

14 Cours d'Architecture, par d'Aviler, *in-4*, grand papier . . . . *deux tiers.*
    —*Il y a 84 planches, tirées sur les Discours, & 81 planches qui se tirent à part. Il y a 25 planches d'égarées.*
    Nota. *Cet Ouvrage est à réimprimer, en y faisant les changemens relatifs à l'Architecture actuelle ; & il n'y auroit que 4 planches nécessaires à regraver de celles perdues.*

318 *Suite.* Dictionnaire d'Architecture, par d'Aviler, *in-4*, grad papier. . *deux tiers.*
    Reglés des cinq Ordres d'Architecture, par Vignole, *in-fol.* en 31 pl. grav. . *deux tiers.*
    ——*Le même Livre de form. in-12, avec les pl. de cuivre ; & un autre Vignole in-12, dont les pl. sont toutes neuves, mais sans la lettre, n'ayant pas encore servi. deux tiers.*

A

180 Regles des cinq Ordres d'Architecture de Vignole, *in-8*, gr. papier, faisant
le 1er. volume de la Bibliotheque d'Architecture, par Jombert, avec 67 pl. *deux tiers.*
424 Architecture de Palladio, *in-8*, gr. p. t. II de la Biblioth. d'Architecture, 75 pl. *deux tiers.*
460 Architect. de Scamozzi, *in-8*, g. p. t. III. de la Biblioth. d'Architect. avec 82 pl. *deux tiers.*
508 Parallele d'Architecture de Chambray, *in-8*, gr. p. t. IV de la Bibliotheque d'Architecture, avec 63 planches . . . . *deux tiers.*
— Le même Ouvrage, *in folio*, en cent planches gravées. . . . *deux tiers.*
N. B. *Il y a six planches de ce dernier Ouvrage, qui appartiennent à la Science des Ingénieurs.*
2 Œuvres d'Architecture de Jean le Pautre, en 3 volumes *in-fol.* petit format. Il
y a trois feuilles de Titres & Tables.
Les 780 planches de cet Ouvrage, forment 832 demi-feuilles. Elles se vendent séparément par
cahiers. Il y a un Catalogue détaillé.
Répertoire des Artistes, par Jombert, en 2 volumes *in-fol.* petit format, avec
686 planches, grandes & petites, formant 498 demi-feuilles.
Nota. *Le N°. 23 en 16 planches, manque.*
Ces planches peuvent aussi se vendre par cahiers en détail.
260 Exemplaires des dix feuilles de Discours, sans les figures.
43 Maniere de bien bâtir, par le Muet, *in-fol.* en 100 pl. *Les planch. ne subsistent plus.*
Architecture-Pratique, par Bullet, *in-8*. . . . . 72ᵈ.
2 Œuvres d'Architecture de Jean Marot, *in-fol.* compl. *Les cuivres ne subsistent plus.*
Petit Œuvre d'Architecture de Jean Marot, *in-4*, gr. pap. en 222 pl. . . *deux tiers.*
Plans & Elévations du Temple & des Palais de Salomon, en 22 planches *in-fol.*
avec des figures gravées par Sébastien le Clerc. . . . . *deux tiers*
202 Nouveau Traité de la Coupe des Pierres, par de la Rue, *in-fol.* grand papier.
Imprimerie Royale, avec 100 planches. . . . . *deux tiers.*
Traité de la Coupe des pierres & des bois, par Frézier, en 3 vol. *in-4*, avec 114 pl. *deux tiers.*
453 . . . . Tome I.
494 . . . . Tome II.
524 . . . . Tome III.
156 Dissertation sur les Ordres d'Architecture, par Frézier, brochure *in-4*, nouv.
édition augmentée . . . . ; *deux tiers.*
200 — Le même en grand papier.
416 Elémens de Stéréotomie, où Abrégé de la coupe des pierres de Frézier, en 2
volumes *in-8*, avec 12 planches. . . . . *deux tiers.*
La Pratique du Trait du sieur Desargues, par Abr. Bosse, *in-8*, avec 117 pl. . *deux tiers.*
407 La Théorie & la Pratique du Jardinage, par M. d'Argenville, *in-4*, avec
49 planches. . . . . *deux tiers.*
206 Traité Physique de la culture & de l'exploit. des arbres, par M. Roux, *in-12*. . *deux tiers.*
260 Le Laboureur, par Alexandre Crasquin, brochure *in-12*. . . . . *deux tiers.*
325 L'Art de décorer les Jardins à l'Angloise, *in-8*, figures. . . . . *deux tiers.*
210 Art de la Charpenterie de Mathurin Jousse, par M. de la Hire, *in-fol.* avec fig. *deux tiers.*
N. B. *Il y a 15 planches en cuivre, dont 8 appartiennent à l'Abregé du Cours de Mathématique de*
Wolf, in-8°.
893 Traité de Charpenterie, & Tarif des bois, par Mésange, en 2 vol. *in-8*, avec
figures, & 23 planches. . . . . *deux tiers.*
699 Tarif du Toisé de la Maçonnerie, par Mésange, *in-8*. . . . . *deux tiers.*
812 Détails de Menuiserie, par Potain, *in-8*, avec 14 planches. . . . *deux tiers.*
30 La Méchanique du Feu, par Gauger, *in-12*, avec 12 planches. . . *deux tiers.*
189 Recherches sur les Digues, par MM. Bossut & Viallet, brochure *in-4*, grand
papier, avec 7 grandes planches. . . . . *deux tiers.*

278 Théorie des Fleuves, traduit de l'Allemand de M. Silberschlag *in-4*, avec 13 pl. *deux tiers.*
     N. B. *Ces deux Ouvrages ont été imprimés pour servir de suite à l'Architecture Hydraulique de M. Bélidor, sur même papier & même format.*
268 Nouveau Traité sur la construction des Digues, par M. Bourdet, *in-8*, petit format, avec figures. . . . . *deux tiers.*

OUVRAGES DE M. BÉLIDOR.

199 Nouveau Cours de Mathématique, *in-4*, avec 34 planches. . . . . *tiers.*
 27 Le même Ouvrage tiré sur grand papier, avec les planches tirées.
213 La Science des Ingénieurs, *in-4*, gr. pap. avec 52 planches . . . *deux tiers.*
     Architecture Hydraulique. *Première Partie*, en 2 vol. *in-4*, gr. p. avec 100 pl. . *deux tiers.*
519 . . . . Tome I.
670 . . . . Tome II.
     Idem, Seconde Partie, en 2 vol. *in-4*, gr. pap. 120 planches
182 . . . . , Tome I.
257 . . . . . . , . Tome II.
 97 Œuvres diverses de M. Bélidor, *in-8*, avec 7 planches. . . . . *deux tiers.*
443 Dictionnaire portatif de l'Ingénieur & de l'Artilleur, par Jombert, *in-8*. . *deux tiers.*

ŒUVRES DE M. L'ABBÉ DEIDIER, . . . *deux tiers.*

972 Elémens généraux des Mathématiques, par l'Abbé Deidier, nouv. éd. corrigée par M. l'Abbé Para, en 2 volumes *in-4*, avec 47 planches.
105 La Mesure des Surfaces & des Solides, *in-4*, & 17 planches.
127 La Méchanique générale, *in-4*, avec 29 planches.
 28 La même en grand papier.
 45 Traité de Perspective théorique & Pratique, brochure *in-4*, avec 15 planches, nouvelle édition, par M. Cochin.
 50 Le Parfait Ingénieur François, *in-4*, avec 50 planches, nouv. édition.
 23 Lettres d'un Mathématicien à un Abbé, *in-12*, 3 Parties.
 25 Lettre & Dissertation de Mairan & Deidier, *in-12*, 3 Parties.
155 Réfutation des Forces vives, *in-12*.

OUVRAGES DE M. LE BLOND. . . . *deux tiers.*

     L'Arithmétique & la Géométrie de l'Officier, en 2 volumes *in-8*, & 46 planches, *sous presse.*
841 Abrégé de la Géométrie de l'Officier, *in-12*, nouv. édit. & 19 planches.
206 Arithmétique de l'Officier, *in-8*, séparément, *Elle se vend à part.*
218 Géométrie Elémentaire & Pratique de M. Sauveur, par M. le Blond, *in-4*, 2 tomes, avec 57 planches.
580 Elémens d'Algebre ou du Calcul Littéral, *in-8*.
646 Elémens de Fortification, *in-8*, avec 37 planches.
943 Abrégé des Elémens de Fortification, *in-12*, & 19 planches.
     Elémens de la Guerre des Sieges, contenant les Traités suivans, en 3 volumes *in-8*, qui se vendent séparément, savoir :
683 —Artillerie raisonnée, *in-8*, avec 30 planches.
571 Traité l'Attaque des Places, *in-8*, & 18 pl.
638 Traité de la Défense des Places, *in-8*, & 5 planches.

424 Elémens de Tactique, *in-4*, avec 40 planches.

ART MILITAIRE.

176 Art de la Guerre, par le Maréchal de Puyſégur, *infol.* gr. pap. avec 41 pl. . *deux tiers.*
213 Le même, en 2 vol. , *in-4* , avec 52 planches. . . . . *deux tiers.*
 70 Extraits de l'Art de la Guerre, brochure *in-12.*
108 Mémoires Hiſtoriques & Militaires de Puyſégur, en 2 volumes *in-12.* . . *deux tiers.*
132 Art de la Guerre-Pratique, par Saint-Geniès , en 2 volumes *in-12.* . . *deux tiers.*
     Art de la Guerre, par Quincy, en 2 volumes *in-12. A réimprimer.* . . *tiers.*
248 Penſées ſur la Tactique, par M. le Marquis de Silva, *in-8*, avec 12 planches . *deux tiers.*
258 Eſſai ſur la Cavalerie , par M. de Hauteville. *in-4.* . . . . *deux tiers.*
437 Politique Militaire, par M. du Châtelet, *in-12.* . . . . *deux tiers.*
380 La Milice des Grecs, & la Tactique d'Elien, par M. de Buſſy, *in-12*, 2 v. p. f. . *deux tiers.*
435 L'Art Militaire de Végece, Traduct. nouv. par M. le Chevalier de Bongars, *in-12.* *deux tiers.*
 19 Hiſtoire du Vicomte de Turenne, par M. de Ramſay, en 2 vol. *in-4*, gr. pap. . *deux tiers.*
722 — La même, nouvelle édition, augmentée des deux dernieres campagnes de
     M. de Turenne, en 4 volumes *in-12*, avec 13 planches. . . . *deux tiers.*
 24 Mémoires des deux dernieres Campagnes de M. de Turenne, ſéparém., *in-12*
     Mémoires ſur la Guerre & ſur les Hôpitaux militaires , par M. de Turenne, } *deux tiers.*
     en 2 volumes *in-12.*
147 Eſſai ſur la Tactique de l'Infanterie, en 2 vol. *in-4*, avec 18 pl. . . *deux tiers.*
572 Mémoires de M. de Feuquieres, en 4 vol. *in-12*, avec 12 planches. . . *deux tiers.*
 52 Réflexions politiques & militaires de Santa-Cruz, *in-12*, 11 volumes. . . 1/9e.
     Mémoires Militaires du Comte de Forbin, en 2 volumes *in-12.* . . 48e.
  2 Hiſtoire de Polybe avec les Commentaires du Chevalier Folard , en 6 volumes
     in-4, Paris avec les planches tirées.
 12 — En 7 volumes, de Hollande.   } 1/9e.
139 Abrégé du Polybe du Chevalier Folard , par le Comte de Chabot, en 3 vol.
     in-4 , avec les planches tirées.
484 Recherches d'Antiquités militaires, Ouvrage compoſé pour la défenſe du Che-
     valier Folard, par M. de Lo-Looz, *in-4*, avec 8 planches. . . . *deux tiers.*
  2 Hiſtoire Militaire de Louis XIV, par Quincy, en 8 volumes *in-4*, gr. pap.
             Manque le premier Volume.
122 Mémoires d'Artillerie , par Saint-Remy, en 3 vol. *in-4*, avec 210 planches. *deux tiers.*
125 Théorie du Méchaniſme de l'Artillerie , par Dulacq, *in-4*, avec 40 planches. *deux tiers.*
 47 — Le même en grand papier.
210 Eſſai ſur la poudre à canon, par M. de Morogues, *in-8.* . . . *deux tiers.*
101 Traité des Feux d'Artifice, par Frézier, *in-8*, avec 14 planches. . . *tiers.*
  7 — Le même Ouvrage *in-4*, avec les planches tirées.
193 Manuel de l'Artificier, par Perrinet d'Orval, *in-12*, avec 12 planches. . *deux tiers.*
690 L'Ingénieur de Campagne, par Clairac, *in-4*, avec 36 planches. . . *deux tiers.*
     Œuvres de Vauban, 3 vol. *in-8*, ſavoir : . . . . . *deux tiers.*
300 Tom. I. Attaque des Places, avec 19 planches.
654   II. Défenſe des Places,   9
210   III. Traité des Mines,   11
488 Traité des Mines & des contre-mines, par M. Prudhomme, *in-8*, avec figures. *deux tiers.*
238 Traité de la Défenſe des Places par les contre-mines, par M. de Valliere, *in-8*,
     avec 5 planches. . . . . *deux tiers.*
116 Mémoires de Goulon, ſur l'Attaque & la Défenſe d'une Place, avec le Siege
     d'Ath, de Philisbourg, &c. *in-8*, avec 9 planches. . . . . *deux tiers.*

211 Relation du Siege de Grave, & de celui de Mayence ; *in-12*, avec 2 plans.   *deux tiers.*
636 Les Regles du Deffein & du Lavis des plans, par Buchotte, *in-8*, avec 24 pl.   *deux tiers.*
700 La Science des Ombres & le Deffinateur à l'armée, par Dupain, *in-8*, avec 18 pl.   *deux tiers*
762 Art de lever les Plans de tout ce qui a rapport à la Guerre, par Dupain, *in-8*,
    avec 5 grandes planches.   .   .   .   .   *deux tiers.*

MATHÉMATIQUES.

568 Abrégé du Cours de Mathématique de Wolf, en 3 vol. *in-8*, avec 69 planch.   *deux tiers.*
 47 Nouveau Cours de Mathématique, par l'Abbé Plaid, en 2 v. *in 8*, avec 20 pl.   *deux tiers.*
379 Le Guide des jeunes Mathématiciens, traduit de l'Anglois de Jean Ward,
    in-8, avec 16 planches   .   .   .   .   *deux tiers.*
 40 Dictionnaire universel de Mathématique & de Physique, par Savérien, en 2
    volumes *in 4*, grand papier moyen, avec 100 planches.   .   .   .   *deux tiers.*
 41 —Le même en beau *grand-raisin*, papier fin, avec les figures tirées.
    Histoire générale des Mathématiques, par M. Montucla, en 2 v. *in-4*, 15 pl.   *deux tiers.*
 80 Histoire des Recherches sur la Quadrature du cercle, par le même, *in-12*   .   *deux tiers.*
    Recueil des Pieces qui ont remporté le prix de l'Acad. des Sciences, en 6 v. *in-4*.   6*e*.
 82 —Les deux premiers volumes du même Ouvrage, séparément, *rare.*

ARITHMÉTIQUE.

  3 Arithmétique-Pratique d'Irfon, *in 4*
  9 Traité d'Arithmétique Théori-Pratique, par M. Parent, *in-8*.   .   .   .   *deux tiers.*

GÉOMÉTRIE.

514 Connoissances géométriques nécessaires à un Officier, par M. Dupain, *in-8*, 7 pl.   *deux tiers.*
221 Géométrie de l'Arpenteur, par M. Doyen, *in-8*, avec 15 planches.   .   .   *deux tiers.*
 79 Traité de Géométrie Théori-Pratique, par M. Parent, *in-8*, avec 14 pl. tirées.   *deux tiers.*
613 Géométrie des Artistes, par Séb. le Clerc, *in-8*, avec 56 planches   .   .   *deux tiers.*
 22 Pratique de la Géométrie, par Sébastien le Clerc, *in-12*, avec 81 pl.   .   .   *deux tiers.*
 85 Elémens de Géométrie, par le P. Lamy, *in-12*.   .   .   .   .   .   2/20*es*.
    Traité du Nivellement, par le Capitaine Lefebvre, broc. *in-4*, avec 7 gr. pl.   *deux tiers.*

ALGEBRE.

243 Elémens d'Algebre, traduits de l'Anglois de Maclaurin, par M. le Cozic, *in-4*,
    avec 13 planches.   .   .   .   .   *deux tiers.*
 60 Elémens de Mathématiques, ou Traité de la Grandeur, par le P. Lamy, *in-12*.   .   2/20*es*.
168 Des communes Mesures & Quantités littérales, par Taneguy Lefebvre, *in 8*.   *deux tiers.*

ANALYSE.

  5 Analyse démontrée par le Pere Reyneau, en 2 volumes *in 4*.   }
26 La Science du Calcul, par le même, en 2 volumes *in-4*.   }   .   .   .   24*e*.
50 Usage de l'Analyse de Descartes, par de Gua, *in 12*. *Les 4 planch. manquent.*   .   *deux tiers.*
27 Introduction à l'Analyse des Lignes courbes algébriques, par Cramer, *in-4*, avec
    33 planches.   .   .   .   .   *deux tiers.*
72 Traité des courbes algébriques, par Gondrin, *in-12*, *les planches manquent.*   .   *deux tiers.*
350 Elémens de la méthode des Fluxions, par Maclaurin, en 2 vol. *in-4*, avec 30 pl. *deux tiers.*

290 Abrégé de la Méthode des Fluxions de Maclaurin , par M. le Monnier, br. *in-8. deux tiers.*
150 Traité analytique des Sections Coniques , par Muller, *in-4* , avec 18 pl. . . *deux tiers.*
165 Application de la Géométrie aux Calculs , par M. Robillard, *in-4* , avec 30 pl. *deux tiers.*

M É C H A N I Q U E.

290 Nouvelle Méchanique ou Statique, par M. Varignon, en 2 vol. *in-4* , avec 65 pl. *deux tiers.*
    Traité du Mouvement des eaux, par Mariotte, *in-12* , avec une planche. . *deux tiers.*
211 Recueil de Machines du Cabinet de M. de Servieres, *in-4* , avec 100 pl. tirées. *deux tiers.*
 91 id. *sans figures tirées.*
265 Traité des Forces mouvantes, par Descamus, *in 8* , *les planches font perdues.* . *deux tiers.*
267 Traité des Echappemens à ressort & à recul, par M. Jodin, *in-12* , avec 3 pl. . *deux tiers.*

P E R S P E C T I V E.

113 Traité de Perspective-pratique, par Courtonne, *in-fol.* avec 33 planches. . *deux tiers.*
    Perspective-pratique de l'Architecture , par Bretez , *in fol.* en 58 pl. gravées . *deux tiers.*
129 Traité de Perspective à l'usage des Artistes, par Jeaurat, *in-4* , avec les Vignet-
    tes , Fleurons, & les 100 planch. tirées sur le Discours. . . . . *deux tiers.*
508 Exemplaires du même Ouvrage sans figures tirées sur le Discours,
    No. a. *Il y a 10 planches de perdues.*
    Maniere universelle de pratiquer la Perspective de M. Desargues, par Abr.
    Bosse , en 2 volumes *in-8* , grand papier, avec 117 planches.
    Petite Perspective de Desargues, par Bosse, *in-8* , 30 planches. } *deux tiers.*
    Leçons de Géométrie & de Perspective, données dans l'Académie de Peinture,
    par Abr. Bosse, *in-8* , avec 59 planches.
228 Essai d'Optique sur la graduation de la lumiere, par Bouguer, *in-12* , avec 3 pl. *deux tiers.*

G N O M O N I Q U E.

    Horlogiographie, par le P. de la Magdelaine, *in-8* , avec 73 planches,
    retouchées pour une nouvelle édition. . . . . *deux tiers.*
    Maniere universelle de M. Desargues pour les cadrans solaires, par Abr. Bosse,
    in-8 , grand papier, avec 50 planches. . . . . *deux tiers.*

C O S M O G R A P H I E.

268 La Géographie rendue aisée , par M. de Leris , *in-8.* . . . . . . *deux tiers.*
 43 Système moderne de Cosmographie, par l'Abbé de Brancas, *in-4* , brochure.
    Les planches font effacées.
 15 Observations astronomiques & géographiques faites à la Chine, par le P. Sou-
    ciet, en 3 volumes *in-4.*

A S T R O N O M I E.

 69 Astronomie-Physique, par M. de Gamaches , *in-4* , avec 23 planches. . . *deux tiers.*
574 Histoire générale & particuliere de l'Astronomie, en 3 volumes *in-12.* . . *deux tiers.*
    Nouvelles Pensées sur le système de Descartes, &c. par Bernoulli, brochure
    in-4 , avec une planche. . . . . *deux tiers.*
 15 Entretiens sur la cause de l'inclinaison des orbites des planetes, par M. Bouguer,
    brochure *in-4* , 2 planches. . . . . *deux tiers.*
 21 La figure de la terre déterminée par MM. Bouguer & de la Condamine , *in-4* ,

avec 9 planches, dont deux fort grandes. *Rare.* . . . . *deux tiers.*
281 Voyage en Californie, pour obferver le paffage de Vénus, par M. l'Abbé Chappe,
    in-4, avec 4 planches. . . . . *deux tiers.*
457 Voyage dans l'Ifle de Saint - Pierre, pour éprouver les Montres marines, par
    M. Caffini fils, *in*-4, avec 10 planches. . . . . . . *deux tiers.*

M A R I N E.

324 Elémens d'Architecture navale, par M. Duhamel, *in*-4, avec 24 planches. . *deux tiers.*
334 Traité du Navire, par M. Bouguer, *in*-4, avec 12 planches. . . . *deux tiers.*
    De la Mâture des Vaiffeaux, par M. Bouguer, avec les deux Pieces qui ont
      concouru, en 1727, *in*-4, avec 10 planches.
162 Méthode pour mefurer en mer la hauteur des Aftres, par M. Bouguer, bro-
    chure *in*-4, avec deux planches.
    Méthode pour obferver fur mer la déclinaifon de la bouffole, par le même,
      brochure *in*-4, 2 planches.
262 Théorie de la manœuvre des Vaiffeaux, réduite en pratique, par M. Pitot,
    in-4, avec 9 planches.
314 L'Art de mefurer en mer le fillage du vaiffeau, par M. Savérien, *in*-8, 4 pl.
 80 Méthode pour réduire les routes de navigation, par Lemare, *in*-8.
                                         deux tiers.
494 Dictionnaire portatif de Marine, par M. Savérien, 2 vol. *in*-8, avec 4 pl. *deux tiers.*
  3 Dictionnaire de Marine, *in*-4, imprimé à Amfterdam.
    Inftructions pour les Mariniers, trad. de l'Angl. de M. Hales, *in* 12, à réimprimer. *tiers.*
126 Obfervations fur le Commerce maritime, brochure *in*-12. . . . . *deux tiers.*
364 Acte de navigation donnée par le Parlement d'Angleterre, brochure *in*-12. . *deux tiers.*
120 Voyageur autour du Monde par l'Amiral Anfon, en 4 volumes, *in*-12, Paris,
    avec les figures tirées. . . . . *Un* 15°.

P H I L O S O P H I E E T P H Y S I Q U E.

541 Nouveau Cours de Phyfique expérimentale, par Defaguliers, en 2 volumes
    in 4. avec 78 planches. . . . . *deux tiers.*
209 Elémens de Phyfique-Mathématique, par M. S'Gravefande, 2 vol. *in*-8, 50 pl. *deux tiers.*
    Obfervations curieufes fur toutes les parties de la Phyfique, en 4 vol. *in*-12.
    Les deux premiers volumes à réimprimer. . . . . . . *deux tiers.*
586 . . . . *Idem*, Tome III.
526 . . . . *Idem*, Tome IV.
102 Nouvelle explication du flux & reflux de la mer, par M. l'Abbé de Brancas,
    in - 4.
    De Caufa gravitatis Phyfica generali ; Auctore Bulfinger, brochure *in*-4. avec
      2 planches.
    Traité des petits Tourbillons de la maniere fubtile, par le P. Maziere, bro-
      chure *in* 4.
                                         deux tiers.
439 Principes du fyftème des petits Tourbillons, par l'Abbé Delaunay, *in*-12.
 85 Nouveau Syftème du mouvement, par M. de Gamaches, *in*-12.
    Difcours fur la communication du mouvement, par M. Jean Bernoulli,
      brochure *in*-4. avec 5 planches.
    Difcours fur le mouvement, par M. Croufaz, broch. *in*-4. 1720, 1 planche.
    Traité des Senfations, par M. l'Abbé de Condillac, en 2 vol. *in*-12.
369 Traité des Animaux, par le même, *in* 12.
425 Traité des Syftêmes, par le même, *in*-12.
                                         deux tiers.

197 Les Clefs de la Philofophie Spagyrique, par M. le Breton, *in-16.* . . *deux tiers.*
186 Principes de Phyſique rapportés à la Médecine, & Traité des métaux & des minéraux , par M. Chambon, 2 vol. *in-12.* . . . . *deux tiers.*
178 Eſſais philoſophiques ſur le méchaniſme de l'Univers, par M. de Lanſac, *in-12. deux tiers.*

A N A T O M I E.

460 Œuvres Anatomiques de M. Duverney, de l'Académie des Sciences, en 2 volumes *in-4.* avec 30 planches. . . . . . *deux tiers.*
84 Le Gentilhomme Maréchal, avec la ſuite, traduit de l'Anglois, en 2 vol. *in-12,* & 2 planches. . . . . . . *deux tiers.*
200 La Suite du Gentilhomme Maréchal, ſéparément, *in-12.*

H I S T O I R E   N A T U R E L L E.

245 Traité des Abeilles, & de la maniere de les élever, *in-16.* . . . *deux tiers.*
118 Le Microſcope mis à la portée de tout le monde, trad. de l'Angl. *in-8.* avec fig. *deux tiers.*

A R T S   E T   S C I E N C E S.   D I C T I O N N A I R E S.

9 Dictionnaire des Arts & des Sciences, connu ſous le nom de Dictionnaire de l'Académie, en 2 volumes *in-folio.* . . . . . *tiers.*
259 Dictionnaire univerſel des Sciences Eccléſiaſtiques, par le P. Richard, en 6 volumes *in-folio,* y compris le Supplément. . . . . *deux tiers.*
    Nota, Il manque une ou deux feuilles à 21.
155 — Le Supplément, ou Tome ſixieme, ſéparé, *in-folio.*
263 *Novitius,* ou Dictionnaire univerſel Latin-François, en 2 vol. *in-4.* gr. p. . 2/9ᵉˢ
510 Dictionnaire Eſpagnol & françois, par M. de Sejournant , en 2 vol. *in-4.* Petit texte. . . . . *deux tiers.*
394 Dictionnaire portatif des Théâtres, par M. de Leris, *in-8.* nouv. édit. . *deux tiers.*

A R T S   L I B É R A U X.

40 Regles de la Poéſie Françoiſe, par M. de Châlons, *in-12.* . . *deux tiers.*
262 Traité hiſtorique & moral du Blaſon, en 2 volumes *in-12.* . . *deux tiers.*
    Recueil de Chanſons de l'Ordre de la Maç. *in-12,* en 96 planches gravées, avec les airs notés.
76 Lettres au Prince Royal de Suede, par M. le Comte de Teſſin, en 2 vol. *in-12.* *deux tiers.*
58 La Rhétorique, ou l'Art de parler, par le Pere Lamy, *in-12.* . . . 2/20ᵉˢ.

A R T S   M É C H A N I Q U E S.

    L'Art de Tourner en perfection, par le P. Plumier, *in-folio,* avec 80 planches, *deux tiers.*
    La planche 51 manque.
922 Manuel Métallotechnique, ou Nouveau Recueil de Secrets concernant les Arts & Métiers , *in-12.* . . . . . *deux tiers.*
202 Le nouveau Teinturier parfait, en 2 volumes *in-12.* . . . *deux tiers.*
    L'Art de la Verrerie, par Haüdiquer de Blancourt, en 2 volumes *in-12,* avec 8 planches. *A réimprimer.*
46 Méthode pour laver & fondre les mines de fer, par M. Robert, broch. *in-12,* avec 2 planches. . . . . . . *deux tiers.*

270 Le Vernisseur parfait, ou Manuel du Vernisseur, *in-12.* . . . *deux tiers.*
480 L'Art du Maroquinier, par M. Quemiser, *in-12.* . . . . *deux tiers.*
186 L'Art de faire l'Indienne à la maniere d'Angleterre, & de composer les couleurs, par M. de Lormois, *in-12.* . . . . . *deux tiers.*
127 Traité du Jaugeage, *in-12.* . . . . . . *deux tiers.*

DESSIN.

198 Méthode pour apprendre le Dessin, avec les Académies de M. Cochin, &c. par Jombert, *in-4.* grand papier, & 100 planches. . . . *deux tiers.*
307 Théorie de la figure humaine, traduite du Latin de Rubens, par Jombert, *in-4.* grand papier. 45 planches. . . . *deux tiers.*
299 Principes du Dessin, d'après les plus 'les Artistes de l'Académie, *in-4.* grand papier. 148 planches. . . . . *deux tiers.*
400 Recueil de charges & de têtes de caractere, par Léonard de Vinci, *in-4.* grand papier, & 60 planches. . . . *deux tiers.*
171 Abrégé d'Anatomie à l'usage des Peintres, par Tortebat, *in-folio.*, nouvelle édition, avec 10 planches. . . . . *deux tiers.*

GRAVURE.

514 Traité de la maniere de graver à l'eau-forte & au burin, par Abr. Bosse, augmenté considérablement par MM. Cochin & Jombert, *in-8*, avec 21 planches. . . . . . *deux tiers.*
    Recueil des pierres gravées du Cabinet du Roi, par M. Mariette, en 2 vol. *in-fol.* petit format. *A réimprimer.* . . . . *deux tiers.*
        Les 250 planches sont en bon état pour une seconde édition, la premiere n'ayant été tirée qu'à 500.
134 Recueil d'Emblêmes, Devises, Chiffres, &c. par Verrien, *in-8.* avec 240 pl. *deux tiers.*
    Recueil d'Estampes gravées par Tempeste & Cheveau, représentant les tourmens des Martyrs, *in-4.* en 45 planches. . . . . *deux tiers.*

PEINTURE.

Œuvres diverses de M. de Piles, sur la Peinture, en 5 volumes *in-12*, contenant les Traités suivans qui se vendent séparément. . . *deux tiers.*
86 Cours de Peinture par principes, par M. de Piles, *in-12.*
123 Abrégé de la Vie des Peintres anciens & modernes, par le même, *in-12.*
335 Élémens de Peinture-Pratique, par le même, *in-12*, nouvelle édition augmentée par Jombert, Paris.
10 L'Art de Peinture d'Alphonse Dufrenoy, par le même, *in-12.*
247 Recueil d'Ouvrages sur la Peinture & le Coloris, par le même, *in-12.*

164 L'Etat présent des Arts en Angleterre, par M. Rouquet, *in-12.* . . *deux tiers.*
152 Catalogue de l'Œuvre de Ch. Nic. Cochin, fils, Dessinateur & Graveur du Roi, par Ch. Ant. Jombert, *in-8.* . . . . . *deux tiers.*
92 Essai d'un Catalogue de l'Œuvre d'Etienne de la Belle, par le même, *in-8.* *deux tiers.*
602 Catalogue de l'Œuvre de Sébastien le Clerc, par le même, en 2 vol. *in-8.* . *deux tiers.*
407 Voyage d'Italie, par M. Cochin, en 3 vol. *in-8.* petit format. . . *deux tiers.*

3 Observations sur les Antiquités d'Herculanum, par MM. Cochin & Bellicard, *in-12*, nouv. édit. augmentée, & 41 pl.

8 Œuvres diverses de M. Cochin, sur la Peinture & sur les Arts, en 3 vol. *in-12*.

240 . . . . Tom. II.

80 . . . . III.

160 derniere Partie du tome 3e., & Titres des trois volumes.

    Nota. Les Mysotechiques aux Enfers forment le commencement du troisieme volume.

309 Lettres à un Artiste à Rome, par le même.

139 Lettres sur l'Opéra, par le même.

244 Discours prononcés à Rouen, par le même.

    Les Mysotechnites aux Enfers, *in-12*, avec 8 Vignettes par Cochin.

357 Projet d'une Salle de Spectacle, par M. Cochin, *in-12*, avec 6 planches.

                                               deux tiers.

124 Exposition des Principes de l'ordonnance & Théâtres modernes, par Monginot, brochure *in-12*. . . . . *deux tiers.*

SUPPLÉMENT AUX PLANCHES D'ARCHITECTURE.

La petite Galerie du Louvre, exécutée d'après les Dessins de Charles le Brun, premier Peintre du Roi, & gravée par Audran, en 42 planches *in folio*. Elle se vend.   12 liv.

Recueil de Fontaines gravées par Audran, d'après les Dessins de Charles le Brun, en 31 planches, formant 16 demi-feuilles sur le *nom-de-Jésus*. Cette suite se vend   9 liv.

Dessins de plafonds d'Architecture, inventés par le sieur Charmeton, & gravés par Gérard Audran. En six grandes planches sur la feuille entiere.   2 liv. 8 f.

Dessins de ceintres & panneaux pour les Carrosses, & autres ornemens, inventés par G. Charmeton, Peintre, gravés par N. Robert. En six planches sur la demi-feuille.   1 liv. 10 f.

Plusieurs sortes de Masques & ornemens divers, inventés par G. Charmeton, Peintre, & gravés par N. Robert. En quatre livres, de six planches chacun, sur la demi-feuille. *Chaque livre se vend*   1 liv. 4 f.

Parallele des grands Edifices anciens & modernes, en 2 grandes planches, par Messonnier, qui se vendent   2 liv. 8 f.

Recueil des vues d'Italie, en 20 planches, sur la demie-feuille de *grand-raisin*, dessinées & gravées par Perelle,   6 liv.

Nota. Les deux tiers dans toutes ces Planches.

---

144 Elémens de l'Art Militaire ancien & moderne, par M Cugnot, 2 vol. *in-12*, avec 12 planches.

438 Fortification de campagne, Théorique & Pratique, par Cugnot, *in-12*, avec 12 planches.   *entiere.*

653 Théorie de la Fortification, *in-12*, par le même, avec 10 planches.

20 Ecole de Fortification par le Fallois, *in-4.* avec figures.

266 Instruction aux Officiers d'Infanterie sur la fortification de campagne, par Gaudi, *in-8.* avec 39 planches.   *deux tiers.*

541 Le Guide de l'Officier particulier en campagne, par M. de Cessac, *in-8.* 2 vol. avec 17 planches. . . . .   *entiere.*

6 Cours de Science Militaire, par Bardel de Villeneuve, 15 vol. *in-8.*

454 Instruction Militaire du Roi de Prusse à ses Généraux, *in-12*, avec 13 pl. . . *entiere.*

311 Constitution militaire du Roi de Prusse. . . . . *entiere.*

Nombre		Propriété
250	Lettres du Roi de Prusse à ses Généraux, *in-12*	*entiere.*
264	Principes de l'Art de la Guerre, *in-8*, avec 8 planches	*deux tiers.*
151	Essai de Tactique par M. de Guibert, *in-8*, 2 vol. figures.	
661	Défense du Système de Guerre moderne, par le même, *in-8*, 2 vol. & 9 gr. pl. figures tirées.	*deux tiers.*
175	Réflexions morales relatives au militaire François, *in-8*.	*deux tiers.*
30	Réflexions sur les Préjugés Militaires, par M. de Brézé, *in-8*.	
	Les Rêveries du Maréchal de Saxe, *in-4*, 2 vol.	32°.
22	Esprit de Tactique du Maréchal de Saxe, *in-4*, 2 vol. fig.	
207	Ruses de Guerre de Polyen, & Stratagêmes de Frontin, 3 vol. *in-12*.	*entiere.*
81	Végece, petit *in-12*.	*entiere.*
68	Le Parfait Capitaine, *in-12*.	2°.
	Manuel de l'Infanterie, *in-12*.	
646	Manuel du Dragon, *in-12*.	
212	Détails Militaires, par M. Chenevieres, 4 vol. *in-12*.	
518	*Idem.* Tome V & VI.	
239	Petite Guerre de Grandmaison, *in-12*.	
138	Artillerie nouvelle, *in-8*.	
27	Lettres d'un Officier du Corps, *in-8*.	
50	Observations & Expériences sur l'Artillerie, *in-8*.	
526	Du Service de l'Artillerie à la Guerre, traduit de l'Italien d'Antoni, par M. de Morozard, avec des Notes, *in-8*, 12 planches.	*deux tiers.*
44	Nouveaux Principes d'Artillerie, par Robins, traduits par Dupuy, *in-8*, fig.	
34	Mémoires sur les nouveaux Systêmes d'Artillerie, *in-8*.	
85	Réponse à l'Artillerie nouvelle, *in-8*.	
99	Eloge de M. de Valliere, *in-8*.	*deux tiers.*
72	Réponse à la Brochure intitulée, *l'Ordre profond & l'Ordre mince*, *in-8*.	
135	Tactique navale, *in-4*, grand papier, avec figures.	
20	Pensées sur la Tactique, *in-4*.	
100	Observations militaires, par M. de Boussanelle, *in-8*.	*entiere.*
514	Expédition de Cyrus, *in-8*, traduction nouvelle, par M. le Comte de la Luzerne	
56	*Idem*, *in-12*, 2 volumes.	
240	— *Idem*, 3ᵉ édition, 2 vol. *in-12*, avec 3 planches.	*deux tiers.*
38	Annibal & Scipion, *in-8*.	
484	Leçons de Calculs différentiel & intégral, par M. Cousin, Lecteur au College Royal, *in-8*, 2 vol.	*entiere.*
86	Algebre de Saunderson, *in-4*, 2 vol.	
2	Tables des Logarithmes de Gardiner, *in-folio*.	
8	Elémens d'Algèbre de Clairaut, *in-8*.	*seizieme.*
110	Elémens de Géométrie du même.	*seizieme.*
322	Calcul des Rentes viageres sur une & plusieurs têtes, *in-4*.	*deux tiers.*
20	Le Manuel de l'Arpenteur, par M. Ginet, *in-8*, 21 planches. *sous presse.*	*entiere.*
619	Toisé général des Bâtimens, par M. Ginet, *in-8*, avec 26 planches.	*entiere.*
316	Traité des Ponts, par Gautier, *in-8*, avec 31 planches.	*entiere.*
371	Traité des Chemins, par le même, *in-8*, avec 6 planches.	*entiere.*
75	Observations sur l'Architecture, par Laugier, *in-12*.	
119	Recherches sur le Briquetage de Marsal, *in-8*.	
208	La Pyrothecnie-Pratique, *in-8*, avec 7 planches.	*deux tiers.*
125	Le Détail général des Fers, *in-8*.	

88 Essai sur la Marine des Anciens ; par Deslandes, in-12.   .   .   .   .   . entiere.
22 Réflexions sur la Peinture, par Hagedorn, in-2 12 vol.
22 Traité de la Peinture, par Dandré Bardon, 2 vol. in-12.
44 Philosophie de Massuet, 2 vol. in-12.
66 Philosophie Neutonienne de Pemberton, in-12.
586 Utopie de Thomas Morus, traduction nouvelle, in-12.   .   .   .   . deux tiers.
70 Voyage d'Ulloa, in-4, 2 vol. figures.
468 Connoissance de l'Astronomie, par Dicquemard, in-8, 25 planches.   .   . entiere.
937 Principes d'Astronomie, par Wadelincourt, in-8, 40 figures en 4 planches. entiere.
76 Gnomonique de Garnier, in-8, figures.
69 Œuvres de Mariotte, 2 vol. in-4, figures.
37 Neutoni Opuscula, in-4, 3 vol.
100 Observations critiques sur la Physique Neutonienne, in-8.
33 Œuvres de Pardies, 3 vol. in-12.
Voyages Métallurgiques, par M. Jars, in-4, 3 vol.   .   .   .   .   .   . un tiers.
56   .   .   .   .   Tome I.   avec 10 planches.
154   .   .   .   .   Tome II.   avec 28 planches.
115   .   .   .   .   Tome III,   avec 14 planches.
147 Géométrie souterreine, du même, avec 7 planches tirées du tome second
    des Voyages Métallurgiques.   .   .   .   . un tiers.
98 Mémoire sur la meilleure maniere de construire un Hôpital ; par M. Petit,
    Médecin. Brochure, in-4. avec deux Planches.   .   .   .   . entiere.
96 Maniere de déterminer les longitudes en mer. Brochure in-4.
284 Histoire Naturelle d'Espagne, in-8.   .   .   .   . deux tiers.
196 Nouvelles Considérations sur Saint Domingue ; par M. Dubuisson, in-8. . deux tiers.
619 Histoire de la derniere Révolution de l'Amérique ; par M. Dubuisson ; in-12. deux tiers.
454 Loix & Constitutions de l'Amérique Angloise, in-12.   .   .   . deux tiers.

OUVRAGES DE M. L'ABBÉ PARA.

826 Elémens de Physique, in-8, figures.   ⎫
790 Métaphysique, 3 vol. in-8.   ⎪
913 Elémens de Métaphysique, in-8,   ⎬ deux tiers.
309 Traité du Nivellement, in-12,   ⎪
388 Philosophie de la religion, en 2 volumes in-12. ⎭
    Voir les traités avec l'Auteur.

615 Tableau de la Religion, in-8, figures.
750 Théorie des Êtres sensibles, ou Cours complet de Physique, in-8, 4 vol. nouv. édition,
    avec figures. *Sous presse.*
750 Théorie des nouvelles Découvertes en genre de Physique & de Chymie, Supplément
    au Cours de Physique, ou tome V.e, in-8, avec figures.

*Pour ces derniers Ouvrages, dont voilà la moitié de l'Edition, le traité avec l'Auteur, est qu'elle se
fait à moitié frais. On retirera d'abord les frais, & ensuite on partagera avec lui sur le pied de province.*

On paiera les frais de la Physique, 5 vol.